# CATALOGUE

DE BELLES

# EAUX-FORTES

MODERNES

EN PREMIÈRES ÉPREUVES

PAR

## MM. M. LALANNE et A.-B. MARTIAL

DONT LA VENTE AUX ENCHÈRES PUBLIQUES AURA LIEU

## HOTEL DES COMMISSAIRES-PRISEURS

RUE DROUOT, 5, SALLE N° 4

## Le Jeudi 27 Avril 1876

A UNE HEURE ET DEMIE

Mᵉ **Maurice DELESTRE**, Commissaire-Priseur,
successeur de Mᵉ DELBERGUE-CORMONT,
rue Drouot, 23,

Assisté de **MM. DANLOS fils** et **DELISLE**, Marchands d'Estampes,
quai Malaquais, 15.

## EXPOSITION PUBLIQUE

Le Mercredi 26 Avril 1876, de deux heures à cinq heures.

---

PARIS — 1876

# CONDITIONS DE LA VENTE

La vente sera faite expressément au comptant.

Il sera perçu, en sus des enchères, CINQ POUR CENT applicables aux frais.

Les œuvres que nous présentons aujourd'hui n'ont jamais été dans le commerce et ne pouvaient s'y rencontrer; — ce sont les épreuves de premier état faites sous les yeux de l'artiste; — les quelques exemplaires que l'auteur réserve d'habitude pour les amateurs qui tiennent à des collections rares, choisies et imprimées sur des papiers spéciaux.

MM. M. LALANNE et A.-B. MARTIAL dont les Eaux-Fortes originales sont bien connues, ont eu l'idée d'offrir aux enchères cette élite de leurs ouvrages.

Nous pensons que cette tentative peut être recommandée aux collectionneurs.

Lalanne.
Imp Cadart
à Quimper.

# DÉSIGNATION

## Œuvre de Maxime LALANNE

1 — Rue des Marmousets (Catalogue de l'œuvre de
M. Lalanne, n° 1). Dessiné d'après nature sur cuivre
pour la Société des *Aqua-fortistes*, 1863.

Très-rare épreuve tirée sur papier du Japon.

2 — Démolitions pour le percement du boulevard
Saint-Germain (n° 2). Dessiné d'après nature sur
cuivre pour la Société des *Aqua-fortistes*, 1863.

Premier état avant grand nombre de travaux, tiré sur papier vergé.

3 — La même estampe.

Deuxième état avec les travaux additionnels.

4 — Vue de parc aux environs de Paris (n° 3). Dessiné
d'après nature sur cuivre pour la Société des *Aqua-
fortistes*, 1863.

Épreuve tirée sur papier de Chine.

5 — **Vue prise à Neuilly (Seine)** (n° 4). Dessiné d'après nature sur cuivre pour la Société des *Aqua-fortistes*, 1864.

Première épreuve tirée sur papier vergé. Très-rare.

6 — **Vue prise du pont Saint-Michel (Paris)** (n° 6). Dessiné d'après nature pour la Société des *Aqua-fortistes*, 1865.

Premier état avant le raccord des travaux dans divers plans, tiré sur papier vergé. Très-rare.

7 — **La même estampe.**

Deuxième état avec le nettoyage de la planche et le raccord des travaux, tiré sur papier du Japon. Très-rare.

8 — **Vue prise à Bordeaux** (n° 8). Dessiné d'après nature sur cuivre pour la Société des *Aqua-fortistes*, 1866.

Première épreuve tirée sur papier vergé. Très-rare.

9 — **Maison dite de Molière, rue de la Tonnellerie** (vieux Paris démoli) (n° 9). Dessiné pour la *Gazette des Beaux-Arts*, 1863.

Premier état dit de remarque, avec un petit essai d'eau-forte au coin, dans la marge à gauche, tiré sur papier de Chine. Très-rare.

10 — **Paysage italien d'après le tableau de Cl. Lorrain,** de la galerie Pourtalès. Pour la *Gazette des Beaux-Arts*, 1863 (n° 11).

Premier état avant les travaux préparatoires.

11 — **La même estampe.**

Deuxième état avec des remorsures et l'addition de travaux dans divers plans, tiré sur papier de Chine.

**12 — La même estampe.**

Troisième état avec l'addition de travaux dans le ciel et la continuation de l'harmonie de la planche, tiré sur papier vergé.

**13 — La même estampe.**

Quatrième état, la planche est entièrement terminée, tirée sur papier du Japon.

**14 — Animaux au pâturage,** d'après un tableau de Berghem, de la galerie Émile Pereire. Pour la *Gazette des Beaux-Arts, 1864* (n° 12).

Premier état avant les travaux préparatoires, tiré sur papier vergé.

**15 — La même estampe.**

Deuxième état, avec le nettoyage de la planche et l'addition de travaux dans le ciel et dans divers plans, tiré sur papier vergé.

**16 — La même estampe.**

Troisième état, avec l'harmonie générale de la planche.

**17 — Vaches sous bois,** d'après Troyon (Galerie Maurice Cottier). Pour la *Gazette des Beaux-Arts* (n° 13).

Premier état tiré sur ancien papier.

**18 — La même estampe.**

Du même état tiré sur papier du Japon.

**19 — Chez Victor Hugo.** Suite de 12 planches publiées chez *Cadart et Luquet, 1864* (n°ˢ 14 à 25).

Trois différentes collections, tirées sur papiers vieux vergé et du Japon.

20 — Traité de la Gravure à l'eau-forte. Suite de huit planches publiées chez *Cadart*, *1866* (nᵒˢ 27 à 34).

Premières épreuves tirées sur papier de Chine.

21 — Suite de trois estampes, pour un traité du jeu de billard, publié par *Aubry*, *1866* (nᵒˢ 35 à 37).

Premières épreuves tirées sur papier vergé.

22 — La même suite.

Premières épreuves tirées sur papier de Chine.

23 — Passage de la Marmite (vieux Paris démoli) (nᵒ 38). Pour le *Paysagiste aux champs*, de *Fr. Henriet*, *1866*.

Première épreuve tirée sur papier du Japon.

24 — Paysage : Effet du soir (nᵒ 39). Pour le *Paysagiste aux champs*, de *Fr. Henriet*, *1866*.

Première épreuve tirée sur papier Japon.

25 — Le Grand Châtelet, d'après une ancienne estampe (nᵒ 40). Pour les *Cabarets du* xviiiᵉ *siècle, par A. de Lafizelière*, *1866*.

Première épreuve tirée sur papier de Chine.

26 — Deux grandes Vues de Paris (nᵒˢ 41 et 42).

Premières épreuves d'artistes tirées sur papier vergé.

27 — Les mêmes estampes.

Deuxièmes épreuves avant la lettre, tirées sur le même papier.

28 — Vue prise à Fribourg (Suisse) (n° 43). Dessiné d'après nature pour *Etching and Etchers*, par *Hamerton*, 1868.

Première épreuve tirée sur papier vergé.

29 — La même estampe.

Première épreuve tirée sur Chine jaune.

30 — Enlèvement de Camille (n° 44). Pour la *Comédie au boudoir*, 1868.

Première épreuve tirée sur papier de Chine.

31 — Vue du pont des Arts à Paris (n° 45). Pour *Sonnets et eaux-fortes*, 1868.

Première épreuve tirée sur Chine. Très-rare.

32 — Frontispice de l'*Illustration nouvelle* (n 46). *Cadart et Luce*, 1868.

Première épreuve tirée sur papier vergé.

33 — Vue prise à Bordeaux par un temps de neige (n° 47). Pour l'*Illustration nouvelle*, 1868.

Premier état avec la préparation des travaux, tiré sur papier vergé.

34 — La même estampe.

Deuxième état, avec des remorsures et addition de travaux, tiré sur papier vergé.

35 — La même estampe.

Troisième état, avec des travaux ajoutés dans le ciel, tiré sur papier vergé.

36 — La même estampe.

Quatrième état avec l'addition des travaux dans la rivière et l'harmonie générale de la planche, tiré sur papier vergé.

37 — La même estampe.

Épreuve tirée sur papier du Japon.

38 — Incendie dans le port de Bordeaux, septembre 1869 (n° 48). Pour l'*Illustration nouvelle*.

Première épreuve tirée sur vieux papier.

39 — La même estampe.

Épreuve tirée sur papier du Japon.

40 — Vue prise à Beuzeval (Calvados) (n° 49). Dessiné d'après nature sur cuivre. Pour l'*Illustration nouvelle*.

Premier état avant divers travaux, tiré sur papier vergé

41 — La même estampe.

Deuxième état, avec l'harmonie de la planche, tiré sur papier vergé.

42 — Vue prise à Villers (Calvados) (n° 50). Pour l'*Illustration nouvelle*.

Première épreuve tirée sur papier vergé.

43 — Un Coin de jardin à Cénon. Dessiné d'après nature sur cuivre (n° 51).

Première épreuve tirée sur ancien papier.

44 — Vue du nouvel Opéra (1869) (n° 52).

Première épreuve tirée sur papier du Japon.

45 — Vue prise sur les bords de la Tamise (1869) (nᵒ 54).

Première épreuve tirée sur papier vergé.

46 — Vue de l'église Saint-Séverin (1869) (nᵒ 55).

Première épreuve tirée sur papier de Chine.

47 — Douze Croquis dessinés d'après nature, *divertissement sur cuivre* (nᵒˢ 57 à 68). *Cadart et Luc, 1868.*

1ᵒ La Seine à Besons.
2ᵒ La Seine à Argenteuil.
3ᵒ Dans un parc.
4ᵒ A Barcelone (Espagne).
5ᵒ Dans le port de Bordeaux.
6ᵒ A Cusset (Allier).
7ᵒ Le Pigeonnier.
8ᵒ Plages des Vaches-Noires à Villerey (Calvados).
9ᵒ Près Houlgate (Calvados).
10ᵒ Plage de Houlgate.
11ᵒ Dives.
12ᵒ Vue prise du port de Dives.

Premières épreuves tirées sur papier vergé.

48 — La même suite.

Premières épreuves tirées sur papier du Japon.

49 — Souvenirs artistiques du Siége de Paris, 1870-71. (5ᵉ, 6ᵉ et 7ᵉ secteur). Suite de douze estampes (nᵒˢ 69 à 80).

1ᵒ Vue prise du viaduc du Point-du-Jour, bastions 67 et 68, défense de la Seine.
2ᵒ Bastion 66, côté extérieur de la porte de Versailles.
3ᵒ Porte de Versailles du Point-du-Jour, côté extérieur avec l'avancée.
4ᵒ Un effet de bombardement, porte-caserne du bastion 65.
5ᵒ Le Cavalier, bastion 63.
6ᵒ Un tir au bastion (Abris et casmates).
7ᵒ Avenue de Boulogne, St-Cloud au fond.
8ᵒ État de la mare d'Auteuil.
9ᵒ Porte de l'avenue Ulrich.
10ᵒ Bastion 49 (Un aspect des fortifications).
11ᵒ Une porte de gardes nationaux aux remparts.
12ᵒ Batterie de Montmartre. Vue prise du phare Bazin.

Premières épreuves tirées sur vieux papier.

50 — La même suite.

Premières épreuves tirées sur papier du Japon.

51 — Vue prise à Richemond, près Londres (n° 82). Pour le *Porte folio Seeley*, 1871.

Premier état, avant nombre de travaux et avec un essai d'eau-forte ; d'après un croquis fait à Nevers. tiré sur papier vergé.

52 — La même estampe.

Deuxième état, avec addition de travaux sur le premier plan et dans les lointains et avec l'harmonie de la planche, tiré sur vieux papier.

53 — Les Ormeaux de Cénon, près Bordeaux (n° 83). Dessiné d'après nature sur cuivre. Pour la *Gazette des Beaux-Arts*, 1871.

Quatre épreuves, de différents états, tirées sur papier de Chine et sur papier vergé.

54 — Vue du château de Sérilly, près Troyes (n° 84). Pour la *Vie du Cardinal de Bérulle*, 1872.

Premier état avant divers travaux, tiré sur vieux papier.

55 — La même estampe.

Deuxième état, avec l'addition des travaux, tiré sur vieux papier.

56 — La Chaumière, d'après van Goyen (n° 86). *Galerie de M. Rothan*, 1873.

Première épreuve avant nombre de travaux tirée sur papier vergé.

57 — La même estampe.

Deuxième état, avec les travaux additionnels, tiré sur vieux papier.

58 — Le Champ de blé, d'après Ruysdaël (n° 87). *Collection de M. Papin*, 1873.

Premier état, avant nombre de travaux, tiré sur papier vergé.

59 — La même estampe.

Deuxième état, avec addition de travaux, tiré sur vieux papier

60 — Bord de la Meuse, d'après van Goyen (n° 88). Pour la *Gazette des Beaux-Arts*, 1873.

Première épreuve tirée sur papier du Japon.

61 — Le Gué, d'après Troyon (n° 90). Pour la *Gazette des Beaux-Arts*, 1873.

Première épreuve tirée sur vieux papier.

62 — La même estampe.

Première épreuve tirée sur papier du Japon.

63 — En forêt (Crépuscule), d'après Old Crome (n° 91).

Première épreuve, avant nombre de travaux, tirée sur papier vergé.

64 — La même estampe.

Deuxième épreuve, avec addition de travaux, tirée sur vieux papier.

65 — Paysage d'Italie, d'après Pynacker (n° 93).

Première épreuve, avant nombre de travaux, tirée sur papier vergé.

66 — La même estampe.

Deuxième état, avec addition de travaux, tiré sur vieux papier.

67 — La Charrette, d'après Troyon (nº 94).

Première épreuve tirée sur vieux papier.

68 — Vue prise à Trouville (nº 99). Pour l'*Illustration nouvelle*, 1874.

Premier état, avant grand nombre de travaux, tiré sur papier vergé.

69 — La même estampe.

Deuxième état, avec des travaux dans le ciel et sur les premiers plan.

70 — La même estampe.

Troisième état, avec les travaux additionnels et l'harmonie de la planche, tiré sur papier du Japon.

71 — Les Roches-Noires, à Trouville (nº 100). Pour l'*Illustration nouvelle*, 1874.

Première épreuve tirée sur papier du Japon.

## Œuvre de A.-B. MARTIAL

72 — Vue des Cuisines de l'Hôtel-Dieu.
Première épreuve avant la lettre.

73 — La même estampe.
Deuxième état; l'inscription est tracée à la pointe.

74 — Intérieur flamand.
Première épreuve avant toutes lettres.

75 — Vue de Venise du côté du pont du Rialto.
Première épreuve avant toutes lettres.

76 — Paysage, d'après Diaz.
Première épreuve avant toutes lettres.

77 — Paysage, d'après Diaz.
Première épreuve avant toutes lettres.

78 — Rue des Colonnes, à Paris.
Première épreuve avant toutes lettres, tirée sur papier du Japon.

79 — La même estampe.
Épreuve sur papier vergé.

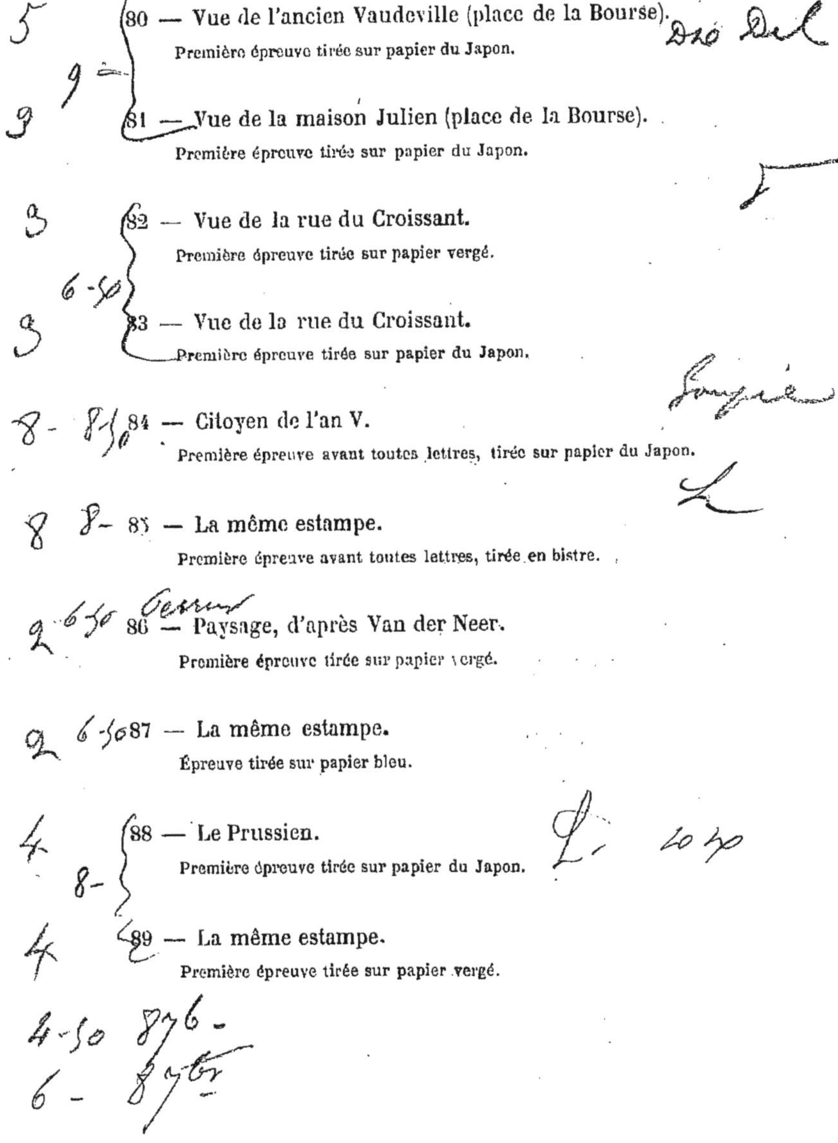

80 — Vue de l'ancien Vaudeville (place de la Bourse).
Première épreuve tirée sur papier du Japon.

81 — Vue de la maison Julien (place de la Bourse).
Première épreuve tirée sur papier du Japon.

82 — Vue de la rue du Croissant.
Première épreuve tirée sur papier vergé.

83 — Vue de la rue du Croissant.
Première épreuve tirée sur papier du Japon.

84 — Citoyen de l'an V.
Première épreuve avant toutes lettres, tirée sur papier du Japon.

85 — La même estampe.
Première épreuve avant toutes lettres, tirée en bistre.

86 — Paysage, d'après Van der Neer.
Première épreuve tirée sur papier vergé.

87 — La même estampe.
Épreuve tirée sur papier bleu.

88 — Le Prussien.
Première épreuve tirée sur papier du Japon.

89 — La même estampe.
Première épreuve tirée sur papier vergé.

90 — Le Portrait de Bismarck.

Première épreuve tirée sur papier de Chine.

91 — Portrait de Régnier, de la Comédie-Française.

Première épreuve tirée sur papier teinté.

92 — Lettre d'Alsace.

Cinq états différents avant et avec la lettre.

93 — Vue du nouveau Vaudeville avant son achève-ment.

Première épreuve avant la lettre.

94 — La même estampe.

Épreuve semblable à la précédente.

95 — Vue prise dans la forêt de Pierrefonds.

Cinq épreuves en différents états, avant et avec la lettre.

96 — Une Mare sous bois.

Premier et deuxième état.

97 — Porte d'Auteuil, au bois de Boulogne (24 mai 1871).

Pièce tirée à trois exemplaires seulement ; la planche a été ensuite coupée en deux pour l'ouvrage *Paris intime*.

98 — Rue du Gindre.

Premier et deuxième état tirés sur papier de Chine et sur papier vergé.

99 — Les Armes de la ville de Paris, après le Siége et la Commune.

Quatre états différents.

100 — La Merveilleuse, d'après J. Goupil.

Premier, deuxième et troisième état.

101 — La Marchande d'images (Salon de 1865).

Pièce tirée à trois exemplaires seulement; la planche ayant été détruite.

102 — Rue de la Tonnellerie (1866).

Premier et deuxième état tirés sur papier de Chine et sur papier vergé.

103 — Rue Chartière.

Premier et deuxième état.

104 — Rue Saint-Hyacinthe-Saint-Michel.

Premier et deuxième état.

105 — Rue Copeau (Lacépède).

Premier et deuxième état.

106 — Mabile et le Château des Fleurs.

Premier, deuxième et troisième état.

107 — Rue Sainte-Marthe.

Premier et deuxième état.

108 — Vieux Paris démoli, six pièces : rues Saint-André, Chartière, Lacépède, de Lourcine, Sainte-Marthe, Cuisines de l'Hôtel-Dieu.

Six pièces tirées sur papier de Chine.

109 — Lettres illustrées sur le Salon de peinture et Paris en 1868. 15 pièces.

Premières épreuves.

110 — Vues de l'ancien Paris. 300 pièces.

Premier tirage sur papier du Japon.

111 — Autre exemplaire du même état, relié en 15 vol., tiré sur papier vergé.

112 — Autre exemplaire relié en 3 vol.

113 — Autre exemplaire en feuilles.

114 — Catalogue de l'œuvre de Chintreuil. 34 pièces.

Premières épreuves avant la lettre.

115 — La vie et l'œuvre de Chintreuil, par A. de La Fizelière, etc. 40 eaux-fortes, par Martial, Beauverie, etc. Paris, 1874.

Premier exemplaire tiré sur papier de Chine.

116 — Le même ouvrage.

Premier exemplaire tiré sur papier de Hollande.

117 — Salons de peinture de 1865 et de 1866. 38 pièces.
Premières épreuves tirées sur papier de Chine.

118 — Salons de peinture de 1866 et de 1868. 30 pièces.
Premières épreuves avant les retouches et les numéros définitifs, tirées sur papier vergé.

119 — Salons de peinture de 1867. 20 pièces.
Premières épreuves tirées sur papier de Chine.

120 — Salons de peinture de 1866, 67, 68 et 69. 41 pièces.
Premières épreuves tirées sur papier de Chine et sur papier vergé.

121 — Salons de 1865, 66, 67 et Exposition universelle, 85 pièces tirées sur papier de Chine et du Japon.
Premières épreuves.

122 — Exposition universelle de 1867. 48 planches.
Premières épreuves avant les numéros définitifs, tirées sur papier de Chine.

123 — Le même ouvrage.
Épreuves tirées sur papier du Japon.

124 — Exposition universelle de 1867. 48 planches.
Premières épreuves tirées sur papier du Japon.

125 — Salons de peinture de 1865, 66, 67, 68 et 69. Exposition universelle et lettres illustrées sur Paris. 112 pièces tirées sur différents papiers : Chine, Japon et vergé.
Premières épreuves.

126 — Le même ouvrage.

Cent douze pièces pareilles à l'exemplaire précédent.

127 — Paris intime. Notes et eaux-fortes, suite de 30 grandes planches et 30 petits croquis. Ensemble, 60 pièces.

Premières épreuves avant les numéros, sur papier vergé.

128 — La même suite.

Exemplaire du même état, tiré sur papier de Chine.

129 — Annuaire des Beaux-Arts, 1875. 33 pièces tirées sur papier de Chine.

Premières épreuves.

130 — Un double exemplaire semblable au précédent.

131 — Salon de peinture de 1867. 21 pièces.

Premières épreuves avant les numéros définitifs, tirées sur vélin

NOTA. — Il n'a été tiré que trois exemplaires en cet état.

132 — Les Marins de la défense de Paris (1871). 16 pièces.

Premières épreuves tirées sur papier du Japon.

133 — Les Femmes de Paris pendant le Siége. 28 pièces.

Premières épreuves avant la lettre, tirées sur papier du Japon.

134 — Les Marins à Paris pendant le Siége. 16 pièces.

Premières épreuves avant la lettre, tirées sur papier de Chine.

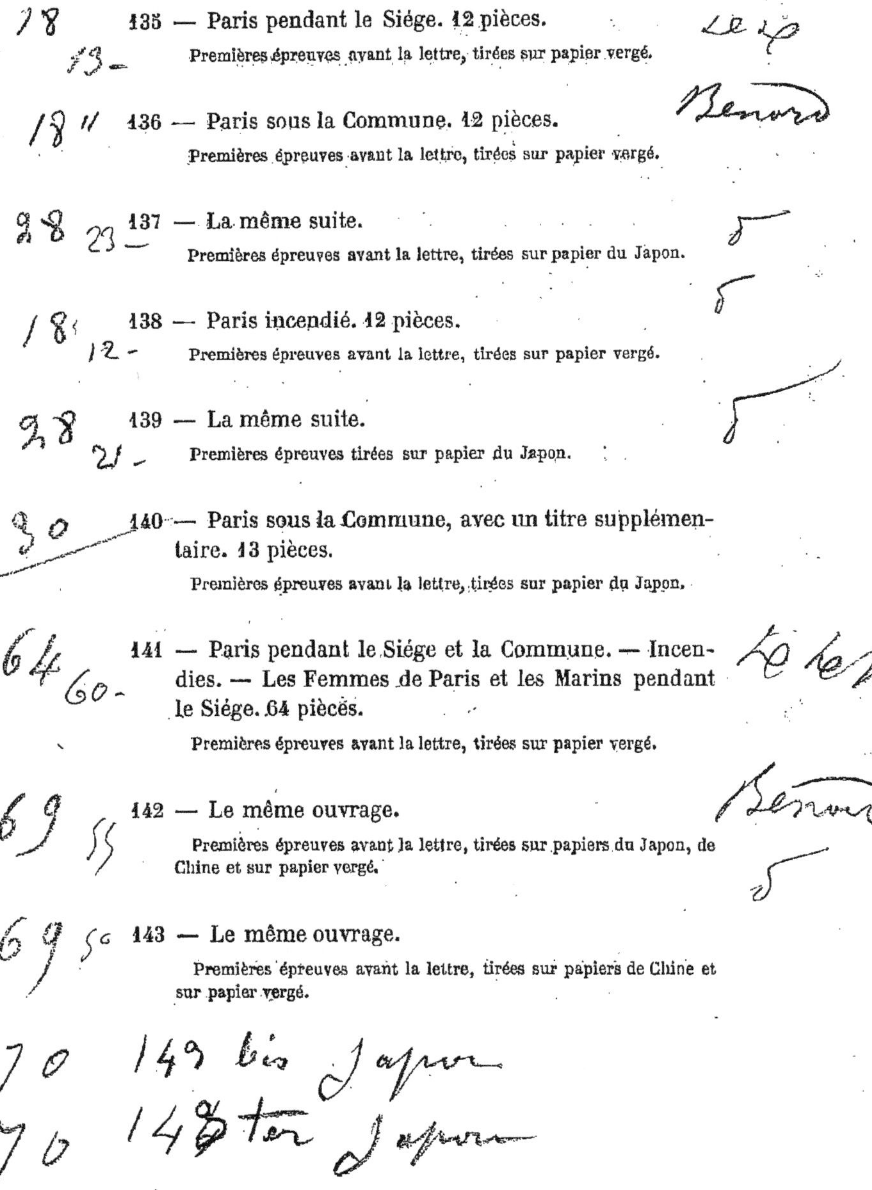

135 — Paris pendant le Siége. 12 pièces.
Premières épreuves avant la lettre, tirées sur papier vergé.

136 — Paris sous la Commune. 12 pièces.
Premières épreuves avant la lettre, tirées sur papier vergé.

137 — La même suite.
Premières épreuves avant la lettre, tirées sur papier du Japon.

138 — Paris incendié. 12 pièces.
Premières épreuves avant la lettre, tirées sur papier vergé.

139 — La même suite.
Premières épreuves tirées sur papier du Japon.

140 — Paris sous la Commune, avec un titre supplémentaire. 13 pièces.
Premières épreuves avant la lettre, tirées sur papier du Japon.

141 — Paris pendant le Siége et la Commune. — Incendies. — Les Femmes de Paris et les Marins pendant le Siége. 64 pièces.
Premières épreuves avant la lettre, tirées sur papier vergé.

142 — Le même ouvrage.
Premières épreuves avant la lettre, tirées sur papiers du Japon, de Chine et sur papier vergé.

143 — Le même ouvrage.
Premières épreuves avant la lettre, tirées sur papiers de Chine et sur papier vergé.

144 — Traité de la gravure à l'eau-forte pour les peintres et dessinateurs. 1 vol. in-8., 13 fig.

Premier exemplaire tiré sur papier de Chine.

145 — Le même ouvrage.

Exemplaire unique tiré sur papier rose.

146 — Les jolies Femmes de Paris, par Charles Diguet. Suite de 20 pièces. Paris, 1870 ; 1 vol. in-4 broché.

Premières épreuves.

147 — Le même ouvrage.

148 — Conte illustré. Suite de 8 pièces.

Premières épreuves tirées sur papier du Japon.

149 — Autre exemplaire tiré sur papier de Chine.

150 — Autre exemplaire tiré sur papier vergé.

151 — Trois Tableaux, d'après Boucher. 3 pièces.

Épreuves avant et avec la lettre.

Vᶜᵉ Renou, Maulde et Cock, imprs de la Compagnie des Commissaires-Priseurs, rue de Rivoli, 144.     64422